educamos·sm

Caro aluno, seja bem-vindo à sua plataforma do conhecimento!

A partir de agora, você tem à sua disposição uma plataforma que reúne, em um só lugar, recursos educacionais digitais que complementam os livros impressos e são desenvolvidos especialmente para auxiliar você em seus estudos. Veja como é fácil e rápido acessar os recursos deste projeto.

① Faça a ativação dos códigos dos seus livros.

Se você NÃO tiver cadastro na plataforma:

- Para acessar os recursos digitais, você precisa estar cadastrado na plataforma educamos.sm. Em seu computador, acesse o endereço <br.educamos.sm>.
- No canto superior direito, clique em "**Primeiro acesso? Clique aqui**". Para iniciar o cadastro, insira o código indicado abaixo.
- Depois de incluir todos os códigos, clique em "**Registrar-se**" e, em seguida, preencha o formulário para concluir esta etapa.

Se você JÁ fez cadastro na plataforma:

- Em seu computador, acesse a plataforma e faça o *login* no canto superior direito.
- Em seguida, você visualizará os livros que já estão ativados em seu perfil. Clique no botão "**Adicionar livro**" e insira o código abaixo.

Este é o seu código de ativação! →

DKTFX-2ZWI

CB037876

② Acesse os recursos.

Usando um computador

Acesse o endereço <br.educamos.sm> e faça o *login* no canto superior direito. Nessa página, você visualizará todos os seus livros cadastrados. Para acessar o livro desejado, basta clicar na sua capa.

Usando um dispositivo móvel

Instale o aplicativo **educamos.sm**, que está disponível gratuitamente na loja de aplicativos do dispositivo. Utilize o mesmo *login* e a mesma senha da plataforma para acessar o aplicativo.

Importante! Não se esqueça de sempre cadastrar seus livros da SM em seu perfil. Assim, você garante a visualização dos seus conteúdos, seja no computador, seja no dispositivo móvel. Em caso de dúvida, entre em contato com nosso canal de atendimento pelo **telefone 0800 72 54876** ou pelo *e-mail* **atendimento@grupo-sm.com**.

Semear Juntos Ensino Religioso 3º Ano - Fundamental 1 - Livro Digital do Aluno. 2ª Edição 2020

BRA201230_12023

Semear Juntos

Ensino Religioso

3

Organizadora: SM Educação
Obra coletiva concebida, desenvolvida e produzida por SM Educação.

2ª edição, São Paulo, 2020

Semear Juntos – Ensino Religioso – volume 3
© Ediciones SM
© SM Educação
Todos os direitos reservados

Autoria	Mar Sánchez Sánchez, Hortensia Muñoz Castellanos
Direção editorial	M. Esther Nejm
Gerência editorial	Cláudia Carvalho Neves
Gerência de *design* e produção	André da Silva Monteiro
Edição executiva	Mar Sánchez Sánchez, Hortensia Muñoz Castellanos
	Assessoria pedagógico-pastoral: Humberto Herrera
	Edição: Joana Junqueira Borges
	Suporte editorial: Fernanda de Araújo Fortunato
Coordenação de preparação e revisão	Cláudia Rodrigues do Espírito Santo
	Revisão: Ana Paula Ribeiro Migiyama, Fátima Valentina Cezare Pasculli, Iris Gonçalves
	Preparação: Ana Paula Ribeiro Migiyama, Iris Gonçalves, Vera Lúcia Rocha
	Apoio de equipe: Beatriz Nascimento
Coordenação de *design*	Gilciane Munhoz
	Design: Tangente Design, Thatiana Kalaes
Coordenação de arte	Ulisses Pires
	Edição de arte: Andressa Fiorio, Eduardo Sokei, Vivian Dumelle
	Assistência de arte: Renné Ramos, Vitor Trevelin
Coordenação de iconografia	Josiane Laurentino
	Pesquisa iconográfica: Beatriz Fonseca Micsik, Bianca Fanelli
	Tratamento de imagem: Marcelo Casaro
Capa	Gilciane Munhoz
	Imagem de capa: Rebeca Luciani
Projeto gráfico	Andrea Dellamagna
Ilustrações	Carlitos Pinheiro, Cris Eich, Javier Andrada, Rodrigo Cordeiro, Victor Beuren
Pré-impressão	Américo Jesus
Fabricação	Alexander Maeda
Impressão	BMF Gráfica e Editora

Dados Internacionais de Catalogação na Publicação (CIP)
(Câmara Brasileira do Livro, SP, Brasil)

Semear juntos, 3 : ensino religioso / organizadora SM
Educação ; obra coletiva concebida, desenvolvida e
produzida por SM Educação. – 2. ed. –
São Paulo : Edições SM, 2020.

ISBN: 978-65-5744-025-4 (aluno)
ISBN: 978-65-5744-018-6 (professor)

1. Ensino religioso (Ensino fundamental)

20-36830   CDD-377.1

Índices para catálogo sistemático:
1. Educação religiosa nas escolas   377.1
2. Religião: Ensino fundamental   377.1

Cibele Maria Dias – Bibliotecária – CRB-8/9427

2ª edição, 2020
3ª impressão, maio 2022

SM Educação
Rua Tenente Lycurgo Lopes da Cruz, 55
Água Branca   05036-120   São Paulo   SP   Brasil
Tel. 11 2111-7400
atendimento@grupo-sm.com
www.grupo-sm.com/br

APRESENTAÇÃO

Querido aluno, querida aluna,

Você sabia que muitas crianças de todo o Brasil já utilizaram este livro nas aulas de Ensino Religioso?

Essas crianças gostaram muito das atividades e dos jogos e descobriram como as aulas de Ensino Religioso são importantes e divertidas.

O Ensino Religioso é como uma grande janela que podemos abrir não apenas para conhecer o mundo, mas também para perceber que somos parte dele.

Queremos que você conheça a bondade de Deus, que ilumina nosso dia a dia e inspira as pessoas a se relacionar melhor umas com as outras.

Desejamos que este livro possa semear em você atitudes de respeito e de solidariedade para viver bem e feliz com todos.

Neste ano, você conhecerá a beleza da amizade com Deus, que vai lhe ajudar a crescer com sabedoria e amor.

Uma ótima experiência para você!

Equipe editorial

SUMÁRIO

Ilustrações: Rodrigo Cordeiro/ID/BR

Rebeca Luciane/ID/BR

CONHEÇA SEU LIVRO

Abertura

Nesta seção, você vai encontrar situações do seu dia a dia sobre as quais vai precisar pensar e dar sua opinião.

Boxe Para refletir e conversar

Quando estiver aprendendo algo, é importante pensar sobre o novo conhecimento e compartilhá-lo com alguém. Você vai responder perguntas sobre o tema e conversar com os colegas.

PARA REFLETIR E CONVERSAR

- Por que Jesus decidiu deixar a casa dos pais?
- Qual foi o primeiro lugar que Jesus visitou depois de sair de casa?
- Quem Jesus escolheu para acompanhá-lo?

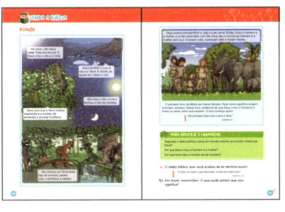

Lendo a Bíblia

Histórias ilustradas da Bíblia para você conhecer e aprender com os ensinamentos de Deus.

Compreendendo o mundo

Como os cristãos vivem e compreendem o mundo? É o que você vai ver nesta seção. As fotografias retratam o mundo que existe à nossa volta e a importância de Deus em tudo o que existe.

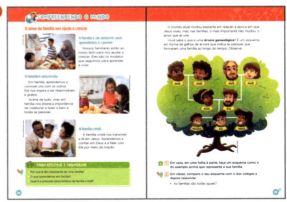

Aprendendo uns com os outros

Nem todas as pessoas têm a mesma religião. Mas você já pensou que todas elas têm algo a ensinar? Aqui você vai conhecer o jeito de cada religião tratar diferentes temas.

Oficina do brincar

Está na hora de colocar em prática o que você aprendeu na unidade, realizando atividades divertidas.

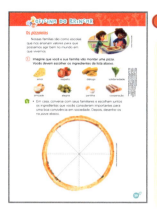

Aprendendo mais

Você vai aprender um pouco sobre a vida e os costumes de diferentes culturas e conhecerá a opinião de pessoas que têm algo a nos ensinar.

Vivendo o que aprendemos

Como relembrar o que você aprendeu na unidade? Com atividades animadas, para fazer em classe ou em casa, com a família!

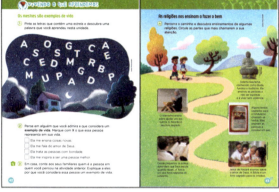

Conhecendo um povo do nosso país

Você vai conhecer a cultura, os costumes e as crenças religiosas de um povo do nosso país, relacionando-os a seus aprendizados.

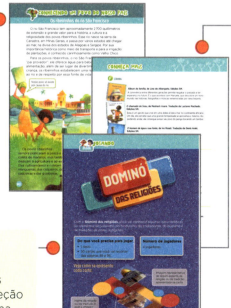

Conheça mais

Com as sugestões de livros, filmes, músicas e sites desta seção, você vai conhecer ainda mais valores éticos e religiosos.

Ícones

Estes ícones indicam se você deve fazer a atividade com um colega, com mais de um colega ou em casa, com sua família.

Atividade em dupla

Atividade em grupo

Atividade com a família

Jogando

O jogo desta seção levará você a praticar os ensinamentos desta coleção de forma alegre e fraterna.

1 Crescendo com a natureza

O planeta Terra é um lugar maravilhoso, fascinante e cheio de vida. Todos compartilhamos este lugar único e surpreendente.

PARA REFLETIR E CONVERSAR

- Onde estão as crianças que aparecem na cena representada ao lado?
- Você já esteve em um lugar como esse? Conte aos colegas.

1 Qual é a relação entre as imagens abaixo e a cena ao lado?

2 Fale com os colegas sobre cinco seres vivos que chamam a sua atenção.

3 Em sua opinião, como surgiu o mundo? Comente com os colegas.

A criação

No início, não havia nada. Tudo era escuro. E Deus criou o dia e a noite.

Deus também criou o céu e a Terra. E dividiu as águas em mares e rios.

Ele criou o Sol, a Lua e encheu o céu de estrelas.

Deus quis que a Terra tivesse vegetação e a encheu de sementes e árvores frutíferas.

Ele colocou na Terra todo tipo de animais: peixes, aves, mamíferos e répteis.

Javier Andrada/ID/BR

Deus queria compartilhar a vida e o seu amor. Então, criou o homem e a mulher, e os fez parecidos com Ele. Deus deu o mundo ao homem e à mulher para que vivessem nele, cuidassem dele e fossem felizes.

Javier Andrada/ID/BR

O primeiro livro da Bíblia se chama Gênesis. Esse nome significa origem, princípio, começo. Nesse livro, podemos ler que Deus criou o Universo e todos os seres vivos que existem. O livro começa assim:

"No princípio, Deus criou o céu e a Terra."

(Gênesis 1,1)

PARA REFLETIR E CONVERSAR

- Segundo o relato bíblico, havia um mundo anterior ao mundo criado por Deus?

- Por que Deus criou o homem e a mulher?

- Por que Deus deu o mundo ao ser humano?

- O relato bíblico que você acabou de ler termina assim:

"E Deus viu tudo o que havia feito, e tudo era muito bom."

(Gênesis 1,31)

Em dupla, respondam: O que vocês acham que isso significa?

As pessoas colaboram para cuidar do mundo

Os cristãos creem que as pessoas devem cuidar deste mundo tão belo e demonstrar gratidão a Deus por compartilhá-lo com todos.

O mundo é um presente

Devemos ser gratos pelo ar que respiramos, pela água que bebemos e pelos alimentos que comemos.

Deus deu o mundo como um presente a todos os homens e mulheres: nossos pais e avós, as pessoas que viveram há muito tempo e também as que viverão aqui no futuro.

As pessoas colaboram para cuidar do mundo

Para que todos possam desfrutar do mundo é necessário:

- não desperdiçar o que Deus deu a todas as pessoas;
- viver em harmonia com a natureza e com todos os seres vivos;
- cuidar bem do mundo que nos rodeia e de todos os que nele vivem.

PARA REFLETIR E CONVERSAR

- Como vocês acham que seria o mundo sem o Sol, a Lua, as estrelas, os animais, as plantas e tudo o que Deus criou?
- Você e sua família costumam colocar em prática os itens citados no texto?

1 Em dupla, descrevam as imagens abaixo.

2 Marque com **X** quais das imagens da atividade 1 representam:

a. presentes de Deus.

1	2	3	4	5	6

b. respeito e admiração pela natureza.

1	2	3	4	5	6

c. respeito pelas pessoas.

1	2	3	4	5	6

d. falta de cuidado com o meio ambiente.

1	2	3	4	5	6

e. os seres mais parecidos com Deus.

1	2	3	4	5	6

13

As religiões valorizam a natureza

Muitas religiões do mundo valorizam a natureza. Para algumas, tudo o que foi criado é obra de Deus e, por isso, tem de ser respeitado e cuidado; para outras, a natureza é sagrada em si mesma.

Mulheres hindus orando em Ontário, no Canadá.

O **hinduísmo** considera importantes todos os tipos de vida. Os hindus admiram a vida, seja a de um inseto, seja a de um ser humano. Diariamente, fazem orações aos deuses para agradecer pela vida no planeta.

O **islamismo** considera a vida na Terra uma obra de Deus, a quem chamam de Alá. Por isso, é tão importante para os muçulmanos cuidar do planeta e protegê-lo.

Muçulmano orando em vale, em Karimabad, no Paquistão.

Praticantes do candomblé festejam Iemanjá, em Praia Grande, São Paulo.

A **umbanda** e o **candomblé** têm origens africanas e são religiões muito ligadas ao meio ambiente. Algumas divindades cultuadas, os orixás, representam as forças da natureza. Um desses orixás é Iemanjá, considerada a rainha das águas.

1. O que as religiões citadas nesta página têm em comum?

2. Converse com os colegas sobre o que mais chamou sua atenção na relação das religiões com a natureza.

OFICINA DO BRINCAR

Os guardiões da natureza

Vimos que muitas religiões e povos do mundo valorizam a natureza e sua preservação. Vamos também ser guardiões da natureza?

1. O(a) professor(a) vai organizar a turma em grupos para realizar as tarefas a seguir.

- Primeiro, cada grupo vai confeccionar um cartaz com uma mensagem de como podemos cuidar da natureza. Cada cartaz precisa ter uma mensagem diferente. Não se esqueçam de decorar os cartazes.

Quando você for ao banheiro, evite o consumo exagerado de papel higiênico e economize água.

Guardiões da natureza.

- Depois, vocês vão elaborar apresentações orais, criando mensagens para incentivar as pessoas a valorizar a natureza e a cuidar dos recursos naturais, além de citar atitudes concretas que podem ser realizadas nas casas e nos bairros para preservar o meio ambiente.

- Com a orientação do(a) professor(a), vocês vão utilizar um celular para gravar essas mensagens em vídeos.

Ilustrações: Carlitos Pinheiro/ID/BR

Precisamos cuidar da natureza! Quando for ao mercado, evite utilizar sacolas plásticas para carregar suas compras. Leve com você uma sacola retornável.
Seja um guardião ou uma guardiã da natureza, o presente de Deus para nós!

2. Fixem os cartazes pela escola e reservem um momento para assistirem aos vídeos que produziram. Ao final, registrem uma foto de todos os "Guardiões da natureza".

3. Converse com os colegas sobre as atitudes que vocês propuseram para cuidar do presente de Deus, a natureza. Vocês praticam essas ações em casa? E na escola? Quais outras atitudes podemos ter para preservarmos a natureza?

Defender a vida e cuidar dela

Algumas pessoas dedicam sua vida à defesa do planeta e da vida que há nele.

Patrick Kilonzo Mwalua é um agricultor no Quênia, um país da África. O clima do Quênia é quente e seco, e muitas pessoas e animais passam sede nesse país.

Patrick Kilonzo Mwalua em seu caminhão-tanque.

Várias vezes por semana, após terminar seu trabalho na fazenda, Patrick enche de água um caminhão-tanque e o dirige por várias horas até chegar aos lugares onde os animais selvagens costumam beber água. Então, ele despeja a água do caminhão e sacia a sede de inúmeros animais, como elefantes, zebras, girafas e vários tipos de aves.

Entre os animais que Patrick ajuda estão girafas, elefantes e zebras.

As **Irmãzinhas de Jesus** são uma fraternidade de freiras que vieram da França para o Brasil em 1952. Aqui conheceram os indígenas Tapirapé, no Mato Grosso.

Nessa época, havia apenas 47 indígenas dessa etnia, e os Tapirapé estavam a ponto de desaparecer.

Então, as freiras cuidaram da saúde dos Tapirapé e ajudaram na formação dos agentes de saúde indígenas. Hoje, há mais de 800 indígenas Tapirapé, vivendo em várias aldeias.

Freira da Fraternidade Irmãzinhas de Jesus.

Vandana Shiva é uma cientista e ecologista indiana.

Em 1982, ela criou uma fundação para incentivar a agricultura ecológica, que não utiliza grandes máquinas, pesticidas nem poluentes – ou seja, uma forma natural de cultivar alimentos, que respeita os ciclos da terra e não destrói o planeta.

Vandana acredita que devemos proteger as sementes, pois elas são um presente sagrado para o ser humano.

Vandana Shiva.

1. Destaque nos textos de que maneira essas pessoas se importam com o planeta Terra.

2. Qual das atitudes mais chamou a sua atenção? Conte aos colegas.

Deus é o criador da natureza

1. Em dupla, observem as imagens abaixo. Depois, respondam às perguntas.

Ilustrações: Carlitos Pinheiro/ID/BR

a. O que as crianças estão fazendo em cada imagem?

b. Quais atitudes representadas nas imagens vocês praticam ou já praticaram alguma vez no dia a dia?

c. Que atitudes de valorização da vida e do meio ambiente vocês podem praticar na escola ou em casa?

2. Uma atitude muito importante que devemos adotar é cuidar dos rios e de outras fontes de água do município em que vivemos.

• Converse com os colegas sobre a pergunta: Que benefícios a água traz para todos nós?

3. Como você acha que seria a vida sem água? Responda no caderno.

4. Converse com os colegas sobre atitudes que vocês podem adotar para economizar água no dia a dia.

Cuidar da vida é um ato de amor a Deus

 5 Cuidar da água é muito importante, mas essa não é a única atitude ecológica que podemos ter.

- Em casa, converse com a sua família sobre outras atitudes ecológicas que vocês podem colocar em prática para cuidar do planeta. Depois, recorte de revistas imagens que representem duas das atitudes ecológicas que vocês pensaram e cole no espaço abaixo.

 6 Em classe, compartilhe com os colegas o que você conversou com seus familiares. Reúnam todas as ideias e vejam quais podem ser colocadas em prática na escola. Façam cartazes com frases e imagens que representem essas atitudes ecológicas e distribuam pela escola, para que todos fiquem sabendo o que podem fazer para cuidar do planeta.

2 Crescendo em família

Em família, compartilhamos a vida e aprendemos a conviver uns com os outros. O amor da família nos ajuda a crescer e a ser feliz.

PARA REFLETIR E CONVERSAR

- O que a família representada na cena ao lado está fazendo?
- Você costuma fazer isso com sua família? Conte aos colegas.

1. Que relação as imagens abaixo têm com a cena?

2. Escreva abaixo um momento que você goste muito de compartilhar em família.

_____

_____

A infância e a família de Jesus

Jesus viveu com seus pais, Maria e José, em um vilarejo chamado Nazaré. Foi ali que Jesus cresceu.

José era carpinteiro e Maria cuidava do lar.

Os pais de Jesus lhe ensinaram muitas coisas e lhe transmitiram a fé.

No dia a dia, Jesus participava da comunidade como qualquer outra criança de sua época.

Ele se dava bem com todos.

Nos dias de festa, Jesus ia com Maria e José à sinagoga para louvar a Deus. Com eles, Jesus aprendeu que o mais importante de tudo é amar a Deus e ao próximo.

Com o passar do tempo, e à medida que ficava mais velho, Jesus crescia em sabedoria diante de Deus e dos homens.

Javier Andrada/ID/BR

PARA REFLETIR E CONVERSAR

- De acordo com o texto, onde Jesus cresceu?
- Quais eram as profissões de seus pais?
- Como era o dia a dia de Jesus?
- O que de mais importante Jesus aprendeu com seus pais?

1 Complete o quadro abaixo com algumas informações sobre a sua história de vida.

Em que cidade você nasceu?		Em que cidade você mora?	
E em que bairro?		Você tem irmãos? Quantos?	
Como seus pais se chamam?			
Mãe		Pai	
Qual é a profissão dos seus pais?			
Mãe		Pai	
Com a minha família aprendi que o mais importante é...			

2 Mostre aos colegas o seu quadro preenchido e veja o deles também.

O amor da família nos ajuda a crescer

A família é um ambiente onde aprendemos a conviver

Nossos familiares estão ao nosso lado para nos ajudar a crescer. Eles são os modelos que seguimos para aprender a viver.

A família é uma escola

Em família, aprendemos a conviver uns com os outros. Ela nos inspira a ser responsáveis e gratos.

Acima de tudo, viver em família nos ensina a importância de colaborar e fazer o bem a todas as pessoas.

A família cristã

A família cristã nos transmite a fé em Jesus. Aprendemos a confiar em Deus e a falar com Ele por meio da oração.

PARA REFLETIR E CONVERSAR

- Por que é tão importante ter uma família?
- O que aprendemos em família?
- Qual é a principal característica da família cristã?

O mundo atual mudou bastante em relação à época em que Jesus viveu, mas, nas famílias, o mais importante não mudou: o amor que as une.

Você sabe o que é uma **árvore genealógica**? É um esquema em forma de galhos de árvore que indica as pessoas que formaram uma família ao longo do tempo. Observe:

Carlitos Pinheiro/ID/BR

1 Em casa, em uma folha à parte, faça um esquema como o do exemplo acima que represente a sua família.

2 Em classe, compare o seu esquema com o dos colegas e depois responda:

• As famílias são todas iguais?

As famílias religiosas

As famílias religiosas são formadas por pessoas do mundo todo que compartilham a mesma fé.

Papa Francisco ao lado de fiéis no Vaticano.

Fazem parte da **grande família religiosa cristã** aqueles que têm fé em Jesus Cristo, o filho de Deus. Para os cristãos católicos, o povo de Deus é chamado de Igreja e conta com uma figura que reforça a unidade de toda a comunidade, o papa.

A **grande família religiosa judaica** compartilha a fé no Deus de Israel. Pertencer à comunidade judaica significa sentir-se parte do povo com o qual Deus fez uma aliança, compartilhar suas tradições e viver segundo a *Halachá*, a lei religiosa judaica.

Judeus orando na cidade de Jerusalém, em Israel.

Todos os muçulmanos integram a **grande família religiosa muçulmana**, chamada *Umma*. Diariamente, muçulmanos de todas as partes do mundo fazem uma oração chamada *Shahada*, que diz que não há outro Deus senão Alá e que Maomé é o mensageiro de Deus.

Muçulmanos fazendo oração em Roma, na Itália.

● Que diferenças há entre as famílias religiosas cristãs, judaicas e muçulmanas? Comente com os colegas.

As pedras do bem comum

Nossa família nos ensina valores e nos ajuda a crescer e a viver felizes.

Que tal fazer uma representação artística das pessoas da sua família?

Leia abaixo o passo a passo.

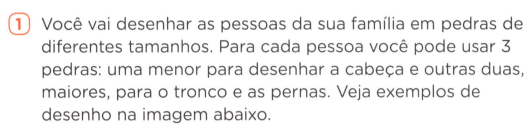

Ilustrações:
Caritos Pinheiro/ID/BR

1 Você vai desenhar as pessoas da sua família em pedras de diferentes tamanhos. Para cada pessoa você pode usar 3 pedras: uma menor para desenhar a cabeça e outras duas, maiores, para o tronco e as pernas. Veja exemplos de desenho na imagem abaixo.

Mar de Palha/ID/BR

2 Depois, escreva no verso de uma das pedras que representa cada pessoa de sua família uma ou duas atitudes que você aprendeu com essa pessoa.

3 Compartilhe com os colegas suas produções e apresente a eles cada um dos seus familiares. Durante a apresentação, mostre as palavras que você escreveu e conte a eles o que aprendeu com cada pessoa da família.

4 Em casa, mostre a produção à sua família e escolha com eles um lugar especial para deixar sua obra de arte.

A família, escola da vida

Aprendemos algo novo todos os dias. A família é a nossa primeira escola. Pai, mãe, avós e irmãos são os nossos primeiros educadores.

Todas as famílias ensinam e educam seus filhos e filhas, mas há ensinamentos que são compartilhados segundo as tradições e a cultura de cada família. Observe alguns exemplos.

Família japonesa em Tóquio, no Japão.

A **harmonia** é um valor importante para muitas **famílias japonesas**. Desde pequenos, meninas e meninos aprendem a viver em harmonia com as pessoas, com a natureza e consigo mesmos. Ou seja, as famílias japonesas ensinam seus filhos e filhas a conviver respeitosamente com o seu próximo, a preservar a natureza e a cuidar da própria saúde.

As **famílias indígenas** ensinam a seus filhos e filhas o valor de sua **cultura**: o idioma, a importância de seus trajes tradicionais, as receitas de sua comunidade, o respeito pela natureza.

As crianças indígenas ouvem de seus pais as histórias e lendas de seus povos, que lhes foram transmitidas por seus avós e pelos avós de seus avós, ou seja, por seus antepassados.

Crianças indígenas do povo Tupinambá, em Santarém, no Pará.

Família muçulmana na Cidade do Cabo, na África do Sul.

Muitas **famílias islâmicas** ensinam a seus filhos e filhas o valor da **hospitalidade**, ou seja, como tratar com amabilidade e respeito a todos os que visitam suas casas.

Os muçulmanos creem que, se forem hospitaleiros, Alá também será hospitaleiro com eles.

1 O que mais chamou a sua atenção nos textos?

2 Explique com suas palavras o que significa dizer que a família é a nossa primeira escola.

3 Conte aos colegas um dos valores que você aprendeu com sua família.

29

VIVENDO O QUE APRENDEMOS

A família é nossa primeira escola

1 Em casa, converse com sua família sobre os seus antepassados.

Bisavós são os pais dos seus avós.

O que sua família aprendeu com os seus bisavós? Aponte três coisas.

1. _____

_____

2. _____

_____

3. _____

_____

Avós são os pais dos seus pais.

O que sua família aprendeu com os seus avós? Complete abaixo.

- A cozinhar — O quê? _____

- A brincar — De quê? _____

- A fazer — O quê? _____

- E a — O que mais? _____

 2 Em classe, conte aos colegas o que aprendeu sobre a história da sua família.

A família nos ajuda a crescer

3 As palavras abaixo representam muito do que aprendemos com nossas famílias.

agradecer	conviver	ajudar	amar
ensinar	partilhar	rezar	respeitar

Use essas palavras para criar um jogo!

- Escreva as palavras no diagrama, uma letra em cada quadrinho, como no exemplo.
- Depois, preencha os quadrinhos vazios com as letras que quiser, mas sem formar palavras.

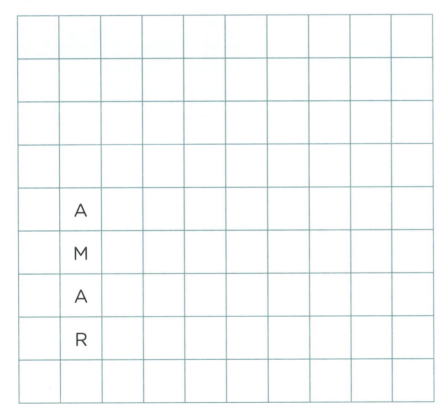

- Peça aos seus familiares que encontrem as palavras no diagrama.

4 Quais palavras da atividade 3 fazem parte do dia a dia da sua família? Converse com seus familiares.

Rodrigo Cordeiro/ID/BR

3 Crescendo com sabedoria

Ao longo da vida, aprendemos sobre o amor e a solidariedade. Isso nos ajuda a crescer e a construir um mundo melhor.

PARA REFLETIR E CONVERSAR

- Observe a cena ao lado. O que ela representa?
- O que os adultos e as crianças estão fazendo na cena?

1 Em dupla, descrevam as fotografias desta página. O que está acontecendo em cada uma delas? Quem está acompanhando as crianças?

monkeybusinessimages/iStock/Getty Images

iStock/Getty Images

2 Você já vivenciou alguma das situações como as das imagens desta página? Conte aos colegas.

O mestre Jesus

Jesus costumava viajar para várias aldeias para ensinar as pessoas. Ele queria que todos conhecessem a mensagem de Deus.

Devemos amar a Deus de todo o coração. E devemos amar as pessoas como a nós mesmos.

Jesus era um exemplo para as crianças. Ele as tratava com bondade e carinho.

Deixai vir a mim os pequeninos, porque deles é o Reino de Deus.

Para que todos entendessem o que Ele dizia, Jesus explicava sua mensagem com exemplos da vida cotidiana.

Certa vez, um semeador lançou sementes para germinar. Uma parte das sementes caiu à beira do caminho; outra parte caiu entre as pedras, e outra parte, entre espinhos [...]. Mas as sementes que caíram em terra boa germinaram e deram muitos frutos.

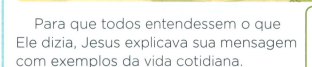

Ilustrações: Javier Andrada/ID/BR

Jesus ensinou as pessoas a falar com Deus com a mesma confiança que falam com um pai amoroso e cuidadoso.

Mestre, ensina-nos a rezar.

Rezem assim: "Pai nosso, que estás no céu...".

Javier Andrada/ID/BR

Os Evangelhos relatam que Jesus pregava a todas as pessoas o amor de Deus. Ele levava boas notícias a todos, ouvia as preocupações das pessoas e curava as enfermidades delas. Era assim que Jesus ensinava que Deus é um pai bondoso.

Jesus foi um mestre muito diferente dos mestres de seu tempo.

PARA REFLETIR E CONVERSAR

- Por que Jesus costumava viajar para várias aldeias?
- O que Jesus fazia para que todos entendessem o que Ele dizia?
- Como Jesus ensinou as pessoas a falar com Deus?

1 Você já ouviu falar em parábolas?

As parábolas são histórias curtas que usam exemplos da vida cotidiana para ensinar algo que pode ser difícil de entender.

Jesus costumava contar parábolas para ensinar as pessoas. Como muitas delas trabalhavam no campo, Ele usava exemplos do dia a dia do campo para ensiná-las.

- Observe os textos desta página e os da anterior. Em qual deles você acha que Jesus está contando uma parábola? Por quê?

Pessoas que transformam o mundo

Muitos homens e mulheres se dedicam a transformar o mundo em um lugar melhor.

Para os cristãos, o maior exemplo de vida é Jesus de Nazaré.

Acolher e ajudar o próximo são atitudes que transformam o mundo em um lugar melhor.

Jesus é o nosso mestre

Jesus fez o bem e acolheu a todas as pessoas. Ele consolou os abandonados, curou os doentes e perdoou os pecados em nome de Deus.

Por meio do exemplo de Jesus, todos souberam do amor que Deus tem pelas pessoas.

O exemplo de Jesus

Seguimos o exemplo de Jesus quando:

- ajudamos as pessoas que são próximas a nós, como os familiares, os amigos, os colegas, os vizinhos, etc.;
- desejamos o bem aos outros;
- lutamos por um mundo mais justo para todos.

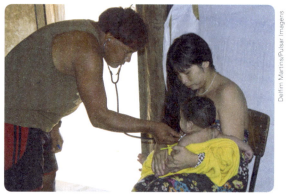

Médico da etnia Kalapalo atendendo criança de sua aldeia em Querência, no Mato Grosso.

O amor é o mais importante

Jesus considerava o amor o sentimento mais importante de todos.

Amar a Deus e às pessoas é agir como Jesus agiu.

PARA REFLETIR E CONVERSAR

- Quem é o maior exemplo para os cristãos? Por quê?
- O que podemos aprender com Jesus? É possível agir como Jesus agia?
- Para Jesus, o que deve direcionar nossas vidas?

1 Observe as imagens a seguir e descreva o que está acontecendo em cada uma delas.

_____
_____
_____
_____
_____

_____
_____
_____
_____
_____

_____
_____
_____
_____

• Em sua opinião, as imagens mostram pessoas seguindo os exemplos de Jesus? Conte aos colegas.

2 Recorte de revistas imagens que representem o exemplo de vida que Jesus nos deu. Depois, em dupla, façam um cartaz para expor no mural da classe.

Convivência e paz

As religiões compartilham valores positivos de convivência e paz.

Templo taoista na Malásia.

O **taoismo** se originou na China e valoriza a gentileza e o desapego pelas coisas materiais. Os taoistas procuram viver em paz, respeitando as pessoas e a natureza.

Um dos símbolos do taoismo é o *yin-yang*: *yin*, a metade preta, representa o cuidado, a intuição, a sensibilidade; *yang*, a parte branca, representa o trabalho, o uso da força, a análise. As duas metades se complementam e representam o equilíbrio.

Yin-yang, símbolo do taoismo.

O **siquismo** é uma religião indiana. Para os siques, é muito importante amar a Deus, proteger as pessoas e cuidar das que mais precisam.

Siques em Nova Délhi, na Índia.

• Você acha que as religiões contribuem para que o mundo seja um lugar melhor? Converse com os colegas.

OFICINA DO BRINCAR

Os *pizzaiolos*

Nossas famílias são como escolas que nos ensinam valores para que possamos agir bem no mundo em que vivemos.

Carlitos Pinheiro/ID/BR

1. Imagine que você e sua família vão montar uma *pizza*. Vocês devem escolher os ingredientes da lista abaixo.

| amor | respeito | diálogo | solidariedade |

| amizade | alegria | partilha | cooperação |

Fotografias (da esquerda para a direita, de cima para baixo): azure1/Shutterstock.com/ID/BR; Tim UR/Shutterstock.com/ID/BR; Luca Santilli/Shutterstock.com/ID/BR; Jiri Hera/Shutterstock.com/ID/BR; Paloka Teriana/Shutterstock.com/ID/BR; azure1/Shutterstock.com/ID/BR; Nattika/Shutterstock.com/ID/BR; Moving Moment/Shutterstock.com/ID/BR

- Em casa, converse com seus familiares e escolham juntos os ingredientes que vocês consideram importantes para uma boa convivência em sociedade. Depois, desenhe-os na *pizza* abaixo.

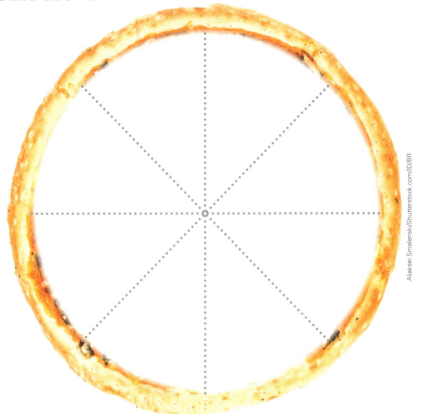

Aliaksei Smalenski/Shutterstock.com/ID/BR

39

Todos têm algo a ensinar

Ao longo da história da humanidade, muitas pessoas se tornaram exemplos de vida para todos nós.

Confúcio foi um filósofo chinês que viveu no século VI a.C. Ele pregava a importância da educação e o respeito à família e à sociedade. Confúcio considerava fundamental que os mais jovens respeitassem os idosos. Suas ideias são muito presentes até hoje em países como China, Japão, Coreia do Sul, Vietnã e Cingapura.

Estátua em homenagem a Confúcio, em Nanquim, na China.

Chiquinha Gonzaga, em foto de 1865.

Chiquinha Gonzaga nasceu no Rio de Janeiro e foi a primeira mulher a reger uma orquestra no Brasil. Compositora e pianista, foi autora de "Ô abre alas", a primeira marchinha de Carnaval.

Ela acreditava em seus ideais e lutou pela abolição da escravatura. Além disso, mesmo contra a preferência da sociedade em que vivia, não abria mão dos ritmos africanos em suas composições.

John Lennon, em foto de 1971.

John Lennon foi um artista muito importante do século XX. Ele era músico e fazia parte da banda britânica The Beatles, que revolucionou a música que se ouvia naquela época.

Além disso, John Lennon foi um defensor da paz. Algumas de suas músicas se tornaram hinos de movimentos pela paz.

Gina Vieira nasceu em Brasília e é professora da rede pública do Distrito Federal. Ela sempre incentivou as pessoas a estudar, e luta para que todos tenham acesso a uma educação de qualidade. Conquistou vários prêmios relacionados à educação e aos direitos humanos pela realização do projeto *Mulheres Inspiradoras*, que envolveu alunos e alunas em atividades que visam valorizar a mulher e combater o machismo.

Gina Vieira.

1 Sublinhe no texto as principais contribuições dessas pessoas para a humanidade.

 2 Você já ensinou algo para outras pessoas? Conte aos colegas.

Os mestres são exemplos de vida

1 Pinte as letras que contêm uma estrela e descubra uma palavra que você aprendeu nesta unidade.

2 Pense em alguém que você admira e que considera um **exemplo de vida**. Marque com **X** o que essa pessoa representa em sua vida.

☐ Ela me ensina coisas novas.

☐ Ela me fala do amor de Deus.

☐ Ela trata as pessoas com bondade.

☐ Ela me inspira a ser uma pessoa melhor.

3 Em casa, conte aos seus familiares quem é a pessoa em quem você pensou na atividade anterior. Explique a eles por que você considera essa pessoa um exemplo de vida.

As religiões nos ensinam a fazer o bem

4 Percorra o caminho e descubra ensinamentos de algumas religiões. Circule as partes que mais chamarem a sua atenção.

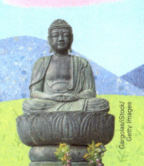

Sidarta Gautama, conhecido como Buda, fundou o budismo. Ele ensinou as pessoas a não ser egoístas e a viver sem violência.

O islamismo ensina sobre ajudar uns aos outros. O Alcorão é seu livro sagrado.

Alguns textos sagrados para o hinduísmo chamam-se Vedas. Eles ensinam as pessoas a conviver em paz.

Desde pequenos, os judeus aprendem que Deus escuta quando rezam. A Torá é um dos livros sagrados do judaísmo.

Jesus de Nazaré ensinou sobre o amor de Deus. A Bíblia é um livro sagrado para os cristãos.

4 Crescendo em amor

Em nossa família estão as pessoas que nos amam e nos protegem. Elas estão sempre conosco e nos ajudam.

Se olharmos ao redor, vamos descobrir que há muitas outras pessoas, além de nossos familiares, que também se preocupam conosco.

PARA REFLETIR E CONVERSAR

- Observe a cena ao lado. Que lugar é esse?
- Como você acha que as crianças representadas estão se sentindo?
- Além das crianças, que outras pessoas são representadas na cena?

- Quem está acompanhando as crianças nas imagens abaixo? Converse com os colegas.

Rawpixel.com/Shutterstock.com/ID/BR

weedezign/Shutterstock.com/ID/BR

Rodrigo Cordeiro/ID/BR

Acolher e amar a todas as pessoas

Jesus ensinou as pessoas a amar a Deus e ao próximo.

Jesus se aproximava dos doentes e dos necessitados e os curava e os ajudava.

Ele valorizava as crianças e as mulheres, o que não era muito comum naquela época.

Jesus perdoava os pecados. Ele perdoou os pecados de Zaqueu, que era um arrecadador de impostos muito rico.

E, como exemplo de amor ao próximo, Jesus contou a parábola do bom samaritano:

— Certa vez, um homem foi roubado em uma estrada e ficou ferido. Algumas pessoas passaram por ele e o viram sofrendo, mas não o ajudaram. Então, um estrangeiro, vindo da Samaria, teve misericórdia dele e o ajudou.

Jesus acolheu todas as pessoas que o procuraram. Ele instruiu que amássemos uns aos outros, sem distinção. Jesus contou a parábola do bom samaritano para nos ensinar a ser fraternos e solidários.

PARA REFLETIR E CONVERSAR

- Qual a importância do amor nos ensinamentos de Jesus? Converse com os colegas.

1 Escreva no quadro como Jesus agiu em cada situação.

Personagens	Como Jesus agiu
Doentes	Jesus curou os doentes e os ajudou.
Mulheres e crianças	
Zaqueu	

2 Em sua opinião, o samaritano que ajudou o homem ferido na estrada seguiu o exemplo de Jesus? Conte aos colegas.

Jesus nos ensinou a amar

Amar a Deus de todo o coração

Para Jesus, Deus era mais importante que tudo.

- Jesus chamava Deus de *Abbá*, que significa **pai**, e confiava nele.
- Jesus falava com Deus de forma respeitosa.
- Jesus queria fazer a vontade de Deus.
- Jesus rezava diariamente.
- Jesus agradecia a Deus por tudo.

Jesus nos ensinou a amar e a agradecer a Deus.

Jesus nos ensinou a amar e a respeitar as pessoas.

Amar ao próximo como a si mesmo

As pessoas gostam de ser tratadas com respeito e carinho. Todos nós precisamos do auxílio uns dos outros em nosso dia a dia.

Para Jesus, amar a Deus e amar ao próximo são atitudes igualmente importantes.

Quem ama a Deus e ao próximo guarda os mandamentos da lei de Deus.

PARA REFLETIR E CONVERSAR

- Em dupla, respondam: O que Jesus ensina sobre o amor?
- Como Jesus se relacionava com Deus?
- O que é mais importante: amar a Deus ou amar ao próximo?

1 Observe alguns mandamentos de Deus.

Não falarás o nome de Deus em vão.

Honrarás teu pai e tua mãe.

Não matarás.

Não furtarás.

Não cobiçarás as coisas alheias.

• Converse com os colegas e explique com suas palavras os mandamentos acima.

2 Como você acha que o mundo seria se ninguém cumprisse esses mandamentos?

_____

_____

3 E como o mundo seria se todos cumprissem esses mandamentos?

_____

_____

_____

Generosidade e compaixão

As religiões ensinam as pessoas a respeitar os outros e a agir com honestidade, generosidade e justiça: todas essas atitudes são expressões de amor ao próximo.

Culto evangélico em igreja no município de São Paulo.

A Bíblia diz que Deus é amor. Nela está escrito que Deus enviou o seu filho Jesus à Terra para que todas as pessoas conhecessem o amor de Deus.

Assim como Jesus, os **cristãos** expressam o amor a Deus respeitando, ajudando e cuidando das outras pessoas.

Para os **budistas**, uma das formas de demonstrar amor ao próximo é a compaixão. Os budistas sentem compaixão por todos os seres vivos, ou seja, para eles é essencial se importar com o sofrimento dos outros e tentar ajudá-los.

Budistas praticam *tai chi chuan* no Templo Budista Zu Lai, em Cotia, São Paulo.

Muçulmanos fazendo orações em mesquita, no Irã.

Para os **islâmicos**, Alá é amor. Por isso, os muçulmanos devem amar as pessoas e respeitá-las, ser piedosos e praticar o bem.

1. Sublinhe no texto o que as três religiões apresentadas falam sobre o amor.

2. Como é possível demonstrar amor pelas pessoas na escola? Converse com os colegas.

Mandala da vida

Nossas vidas são fruto do amor que as nossas famílias e outras pessoas que conhecemos têm por nós. Esse amor nos ajuda a crescer e a ser pessoas melhores.

Vamos pintar uma mandala representando pessoas e momentos importantes?

1 Siga as orientações e pinte a mandala abaixo.

a. No círculo central, desenhe o seu rosto e escreva o seu nome.

b. Nos quadrados com bordas coloridas, desenhe quatro momentos ou pessoas importantes da sua vida.

c. Pinte as outras partes da mandala da forma que preferir.

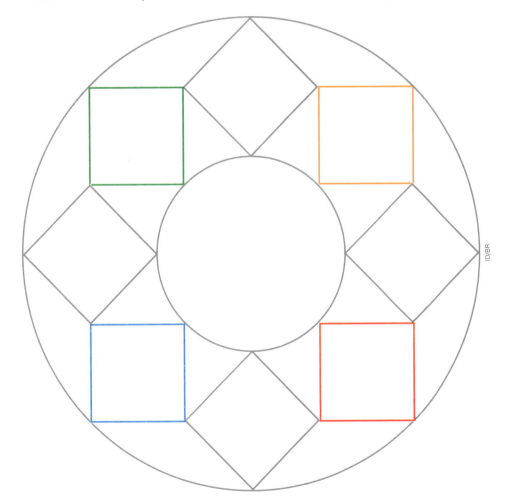

2 Em dupla, mostrem as mandalas um ao outro e contem o que vocês representaram nelas.

O amor ao próximo

Rosa Célia Pimentel Barbosa é uma médica brasileira, especialista em cardiologia infantil. Ela nasceu em Palmeira dos Índios, em Alagoas. Em 1996, fundou, no município do Rio de Janeiro, o Hospital Pro Criança Cardíaca, que ajuda crianças pobres e com problemas no coração a receber atendimento médico gratuito e de qualidade.

Em 2007, em Roma, ela recebeu o título de Embaixadora e Operadora da Paz no Mundo.

Custodio Coimbra/Agência O Globo

Doutora Rosa, fundadora do Hospital Pro Criança Cardíaca, e sua equipe.

Flávio Florido/Folhapress

Chico Xavier, em foto de 1999.

Francisco Cândido Xavier, mais conhecido como **Chico Xavier**, foi um filantropo brasileiro. Ele nasceu em Pedro Leopoldo, Minas Gerais, e foi um dos maiores representantes do espiritismo no Brasil.

Suas mensagens defendiam a paz. Chico Xavier aconselhava as pessoas a seguir os ensinamentos de Jesus e a amar ao próximo.

Malala Yousafzai é uma jovem paquistanesa. Quando ela tinha apenas 11 anos, o governo do Paquistão proibiu as meninas de irem à escola, mas Malala queria que tanto meninos quanto meninas tivessem os mesmos direitos e pudessem estudar.

A luta de Malala pela educação feminina tornou possível a aprovação da primeira lei sobre o direito à educação no Paquistão, que garante a educação para meninos e meninas. Em 2014, ela recebeu o Prêmio Nobel da Paz.

Malala Yousafzai.

Pedro Casaldáliga é um bispo católico. Ele nasceu na Espanha, mas mudou-se em 1968 para São Félix do Araguaia, no Mato Grosso.

O bispo Pedro é um defensor dos direitos dos indígenas brasileiros e fundou, em 1972, o Conselho Indigenista Missionário (Cimi). O Cimi luta pela defesa dos povos indígenas e contra o desmatamento das florestas.

Dom Pedro Casaldáliga.

• Você conhece pessoas que são exemplos de amor ao próximo? Conte aos colegas.

Devemos respeitar todas as pessoas

1 Observe a árvore. Coloque as folhas em ordem e forme uma palavra. Escreva a palavra que você formou na linha abaixo.

a. Você sabe o significado da palavra que está na árvore? Converse com os colegas.

b. Em casa, conte a sua família o que significa a palavra que está na árvore.

Amar é fazer o bem aos outros

2 Observe as imagens e leia as frases que expressam atos de amor. Em seguida, ligue cada imagem à frase correspondente.

Ilustrações:
Carlitos Pinheiro/ID/BR

Respeitar minha família é um ato de amor.

Ajudar um colega a estudar é um ato de amor.

Jesus ensinou as pessoas a amar a Deus e ao próximo.

3 Escreva uma frase que explique como podemos praticar o amor ao próximo.

_____

_____

 4 Em casa, converse com sua família sobre a pergunta: Como vocês demonstram amor pelas pessoas? Depois, escreva abaixo as atitudes sobre as quais conversaram.

_____

_____

Madre Teresa de Calcutá (1910-1997) foi uma missionária de origem albanesa na Índia. Dedicou sua vida a cuidar dos mais pobres.

Greta Thunberg é uma ativista ambiental. Ela nasceu na Suécia, em 2003, e se destaca na atualidade por suas ações de mobilização para que os governos do mundo ajam para diminuir os impactos ambientais e as mudanças climáticas.

Irmã Dulce (1914-1992) foi uma religiosa católica conhecida como Anjo Bom da Bahia. Ela nasceu em Salvador e se destacou por suas ações de caridade e pela assistência aos pobres. Foi canonizada pelo papa Francisco como Santa Dulce dos Pobres.

Celina Turchi é uma cientista brasileira. Ela nasceu no município de Goiânia, em Goiás, em 1952. É especialista em doenças infecciosas e liderou a pesquisa que descobriu a relação entre a microcefalia e o vírus da zika.

5 Crescendo com compromisso

No mundo inteiro, há pessoas que se tornaram conhecidas por seu amor ao próximo. Em nosso dia a dia, há pessoas que dedicam a vida para fazer o bem e tornar o mundo um lugar melhor.

PARA REFLETIR E CONVERSAR

- Em que lugar as crianças da cena estão?
- Você reconhece alguma pessoa da cena?

- Observe as fotografias desta página. O que as pessoas estão fazendo?

Rodrigo Cordeiro/ID/BR

Fotografias da esquerda para a direita: Tim Graham/Corbis via Getty Images; Thierry Monasse/Getty Images; Godong/Universal Images Group via Getty Images; Ana Paula Paiva/Valor/Folhapress

monkeybusinessimages/iStock/Getty Images

Delfim Martins/Pulsar Imagens

Jesus doou sua vida a Deus e ao próximo

Quando Jesus tinha cerca de 30 anos, Ele decidiu deixar a casa de seus pais, em Nazaré.

Vou fazer o que Deus quer que eu faça.

O primeiro lugar que Jesus visitou depois de sair de casa foi o rio Jordão. Lá Ele foi batizado por seu primo João Batista.

Depois disso, Jesus passou 40 dias no deserto para refletir sobre o que deveria fazer naquela nova fase de sua vida. Passados esses dias, voltou a Nazaré e entrou em uma sinagoga. Lá Ele leu um trecho do livro do profeta Isaías, que há muitos anos havia anunciado a vinda de Jesus. Todos os que estavam ali ficaram maravilhados.

O Espírito do Senhor está sobre mim. Eu fui enviado para anunciar boas-novas.

Este não é o filho de José?

Jesus escolheu 12 amigos, a quem chamou de apóstolos, para acompanhá-lo por todos os lugares.

Sigam-me!

Com os apóstolos, Jesus percorreu vários povoados para falar de Deus, curar os doentes e perdoar os pecados das pessoas.

Ilustrações: Javier Andrada/ID/BR

Jesus sabia que as coisas que dizia e fazia estavam desagradando as autoridades religiosas e políticas de sua época.

Mesmo assim, Jesus não deixou de anunciar o Reino de Deus e o amor Dele por nós. As autoridades da época julgaram Jesus e o condenaram a morrer crucificado.

Ilustrações: Javier Andrada/ID/BR

De acordo com os Evangelhos, Jesus deixou sua casa para anunciar as boas-novas do Reino de Deus. Ele queria que as pessoas soubessem que Deus é um bom Pai, que cuida, ama e perdoa.

Nem todos gostaram de ouvir o que Jesus dizia, tanto é que ele foi condenado a morrer na cruz.

PARA REFLETIR E CONVERSAR

- Por que Jesus decidiu deixar a casa dos pais?
- Qual foi o primeiro lugar que Jesus visitou depois de sair de casa?
- Quem Jesus escolheu para acompanhá-lo?

● Numere as seguintes ações de acordo com a história que você leu.

Jesus escolheu doze amigos.		Jesus deixou sua família e foi embora de Nazaré.
Jesus foi condenado à morte na cruz.		Jesus foi batizado.
Jesus voltou a Nazaré para explicar quem Ele era e o que teria de fazer.		As autoridades julgaram Jesus.

Amar ao próximo é um compromisso

Jesus mostrou a todos como viver uma vida de amor ao próximo.

Viver comprometido com Deus e com o próximo

Muitas pessoas estão desanimadas, doentes ou se sentem excluídas pela sociedade. Elas precisam de conforto e de apoio.

Jesus nos convida a demonstrar solidariedade às pessoas que, de alguma maneira, estão sofrendo. Todos nós podemos ajudá-las a ter uma vida mais feliz e contribuir para que o mundo seja um lugar cada vez melhor.

Apoiar as pessoas e cuidar delas é um compromisso do cristão.

Ajudar as pessoas no dia a dia

Crianças e adultos voluntários pintando escola em Miami (Flórida), nos Estados Unidos da América.

Muitas pessoas nos ensinam a viver comprometidos com uma vida melhor para todos, desde voluntários que atuam em organizações em defesa do planeta até pessoas que doam seu trabalho em associações de bairros, em escolas, e também sacerdotes e missionários que, ao falar de Jesus para outras pessoas, levam esperança a lugares onde não há nenhuma.

PARA REFLETIR E CONVERSAR

- O que podemos fazer para imitar Jesus?

1 Observe as imagens que mostram algumas pessoas que se dedicam ao próximo.

Freira.

Assistente social.

Bombeiro.

- Como as pessoas representadas estão se dedicando ao próximo? Converse com os colegas.

2 Cite profissões em que as pessoas precisam se doar ao próximo.

_____

_____

_____

As religiões nos ensinam a amar

Muitas religiões ensinam o amor ao próximo como uma de suas grandes lições.

Voluntários judeus ortodoxos carregando alimentos para distribuir em Jerusalém, Israel.

A Torá e o Talmude, que são livros sagrados para o judaísmo, enfatizam o valor do amor ao próximo. Para os **judeus**, amar ao próximo significa não ofender as pessoas, não causar danos a elas e ajudá-las em suas necessidades.

Para os **espíritas**, todos devem ser tolerantes uns com os outros e agir com bondade e caridade em relação ao próximo, oferecendo às pessoas uma convivência harmoniosa e solidária.

Distribuição de cestas básicas doadas pela Federação Espírita do Brasil (FEB) no Núcleo Espírita Guillon Ribeiro, em Santo Antônio do Descoberto, em Goiás.

Voluntários muçulmanos distribuem comida para famílias em Boston, nos Estados Unidos da América.

Os **muçulmanos** seguem os ensinamentos do profeta Maomé, o qual consideram o mensageiro de Deus. Para os muçulmanos, a fé verdadeira e sincera é demonstrada em atos de caridade e respeito pelas pessoas.

- Sublinhe no texto o que significa amar ao próximo para cada uma das religiões apresentadas.

Colorindo a escola com palavras de bem

Vivemos em compromisso com o próximo.

Vamos espalhar pela escola essa mensagem, colorindo-a com palavras de bem?

1. Escreva em cartolina colorida uma palavra que expresse o nosso compromisso com o próximo. Veja alguns exemplos:

SOLIDARIEDADE

RESPEITO   BONDADE

AMIZADE   PARTILHA

GENEROSIDADE

Você vai precisar de:

- cartolina colorida
- canetas coloridas

Como fazer

- Recorte pedaços quadrados de cartolina de tamanhos iguais.
- Escreva em cada um dos pedaços uma letra da palavra escolhida. Por exemplo:

AMOR

2. Mostre aos colegas a palavra que escreveu e explique a eles o motivo da sua escolha.

3. Agora, com as palavras montadas, vocês vão afixá-las em um cartaz com o título "Valores para cultivar em relação ao próximo". Afixem esse cartaz em um lugar da escola, para incentivar o comprometimento de todos com o próximo.

Doar-se ao próximo

Muitas pessoas contribuem para que o mundo seja um lugar melhor para todos viverem.

Hutukara é uma organização dedicada à defesa dos direitos dos indígenas Yanomami e foi fundada por Davi Kopenawa Yanomami, que liderou por mais de 25 anos a luta desse povo por suas terras.

A organização Hutukara representa os Yanomami e desenvolve projetos de saúde e educação para os indígenas. Além disso, Davi Kopenawa criou o projeto *Expansão da Radiofonia Yanomami* para unir aldeias que vivem distantes: são diversas estações de rádio que transmitem notícias e fortalecem a cultura desse povo.

Davi Kopenawa testa um dos aparelhos de rádio instalados durante o projeto de expansão da radiofonia na Terra Indígena Yanomami.

Alunas brasileiras do projeto *Por Ser Menina*, idealizado pela organização Plan International.

A **Plan International**, fundada em 1937, é uma organização presente em mais de 70 países. Ela defende os direitos de crianças, adolescentes e jovens.

Desde 2007, a organização desenvolve uma campanha mundial chamada *Por Ser Menina*, que tem como objetivo garantir que meninas do mundo inteiro possam concluir seus estudos e frequentar uma escola com segurança, mesmo em situações de conflito.

Médicos Sem Fronteiras (MSF) é uma organização humanitária internacional que também está presente em mais de 70 países. A MSF leva cuidados de saúde a pessoas que moram em lugares afetados por graves crises humanitárias e, em alguns casos, fornece água, alimentos, saneamento e abrigos. Médicos de vários países, incluindo o Brasil, trabalham para a organização.

Médicos da organização Médicos Sem Fronteiras atendem uma criança em Bossangoa, na República Centro-Africana.

1 Leia os textos e sublinhe o que mais chamou a sua atenção.

2 Em dupla, contem como se sentem ao conhecer esses exemplos de amor ao próximo.

Jesus se comprometeu com as pessoas

1 Observe a cena abaixo.

Carlitos Pinheiro/ID/BR

a. O que está acontecendo na cena?

_____

_____

_____

b. Você acha que essas pessoas estão demonstrando ter compromisso com o próximo?

_____

_____

_____

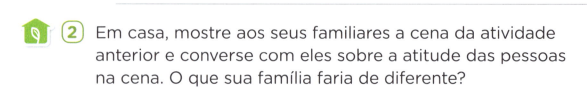

2 Em casa, mostre aos seus familiares a cena da atividade anterior e converse com eles sobre a atitude das pessoas na cena. O que sua família faria de diferente?

3 Em classe, comente com os colegas o que você conversou com sua família.

Comprometer-se com as pessoas é sempre respeitá-las

 4 Observe as cenas abaixo. Depois, converse com os colegas para responder às perguntas.

A

Ilustrações:
Carlitos Pinheiro/ID/BR

B

a. O que está acontecendo em cada uma das cenas? Você acha que as crianças estão demonstrando amor ao próximo?

b. Você já vivenciou alguma dessas situações? Se estivesse perto das crianças da cena, o que você diria a elas?

 5 Converse com os colegas: "Como podemos melhorar nossa convivência?"

• Com base nessa conversa, toda a turma vai propor coletivamente cinco compromissos para melhorar a convivência. Escreva esses compromissos no caderno.

 6 Com a orientação do(a) professor(a), organizem-se em cinco grupos. Cada grupo vai confeccionar um cartaz apresentando um dos compromissos da turma. Escrevam os compromissos em letras grandes e não se esqueçam de decorar o cartaz. Depois, afixem os cartazes no mural da classe.

6 Crescendo em comunidade

Quando várias pessoas têm um objetivo em comum, elas se unem para alcançá-lo.

Em equipe, praticamos o respeito e a tolerância e damos o melhor de nós mesmos.

PARA REFLETIR E CONVERSAR

- O que a cena ao lado representa?

- As crianças que aparecem na cena estão organizadas em equipes. O que cada equipe está fazendo? E os adultos?

- Como você diferencia uma equipe da outra?

- Observe as fotos abaixo. Que relação existe entre elas e a cena da página ao lado?

As boas-novas de Jesus

Quando Jesus morreu, os apóstolos ficaram muito tristes. Mas, depois de três dias, Jesus ressuscitou e apareceu para Maria Madalena e para os apóstolos. Então, eles entenderam que a morte não era o fim das boas--novas que Jesus anunciava.

Busquem novos discípulos e os batizem.

No dia de Pentecostes, um barulho como um vento forte encheu a casa onde estavam os apóstolos. Naquele momento, eles ficaram cheios do Espírito Santo e começaram a falar em línguas diferentes.

Ilustrações: Javier Andrada/ID/BR

Muitas pessoas ouviram o barulho e correram para ver o que havia acontecido. Então, uma multidão se juntou e cada pessoa entendia, em sua própria língua, o que os apóstolos falavam.

Então, Pedro explicou às pessoas o que havia acabado de acontecer.

O Espírito Santo encheu os apóstolos do amor de Deus, e eles contaram a todos que Jesus havia ressuscitado. Muitas pessoas acreditavam em Jesus e perguntavam aos apóstolos o que deveriam fazer para segui-lo.

Para seguir Jesus, arrependam-se dos seus pecados e batizem-se.

Então, nesse mesmo dia, os apóstolos batizaram muitas pessoas.

Os apóstolos iam de aldeia em aldeia proclamando as boas-novas. E o número de seguidores de Jesus aumentava a cada dia.

Os seguidores de Jesus foram chamados de **cristãos**. Eles viviam em comunidade, iam juntos ao templo para orar e reuniam-se em suas casas para lembrar Jesus e celebrar a Eucaristia.

Ilustrações: Javier Andrada/ID/BR

Os apóstolos eram testemunhas da ressurreição de Jesus. O Espírito Santo deu a eles a coragem e a força necessárias para continuar a obra de Jesus. Dessa forma, o número de cristãos só aumentava e, juntos, eles formaram a primeira **comunidade cristã**.

PARA REFLETIR E CONVERSAR

- Como os apóstolos se sentiram após a morte de Jesus?
- Como eles receberam o Espírito Santo?
- Que nome receberam os seguidores de Jesus?

1. Sublinhe no texto como viviam os primeiros cristãos.

2. O que os cristãos dos dias de hoje têm em comum com os cristãos daquela época?

_____

_____

_____

_____

Compartilhar a vida em comunidade

Compartilhar a vida com outras pessoas e participar de atividades em conjunto nos fortalece e nos traz felicidade.

Monkey Business Images/Shutterstock.com/ID/BR

A família é a primeira comunidade da qual participamos.

O que é uma comunidade

É um grupo de pessoas que estão unidas por alguma razão ou em torno de alguma pessoa. Todos nós pertencemos, ao mesmo tempo, a comunidades variadas (comunidade nacional, local, familiar, de vizinhos, esportiva, religiosa, escolar, etc.).

Os cristãos fazem parte de uma comunidade chamada Igreja. Essa comunidade foi fundada por Jesus com a colaboração dos apóstolos.

A comunidade católica

A comunidade católica é formada pelas pessoas que são batizadas na Igreja católica. Elas se reúnem em torno de Jesus na Eucaristia e seguem a sua mensagem. A **Igreja católica** é dirigida pelo papa e pelos bispos e permanece ligada a Jesus. Ela realiza as tarefas que Jesus confiou aos discípulos.

Corbis Documentary/Getty Images

Menina recebendo o Batismo em paróquia em Paris, na França.

PARA REFLETIR E CONVERSAR

- A quais comunidades você pertence? Conte aos colegas.
- Quais pessoas pertencem à comunidade católica?

1 Observe as fotos abaixo e identifique o tipo de comunidade retratado em cada imagem. Descreva algumas de suas características.

Município de Sumaré, em São Paulo.

_____
_____
_____
_____
_____
_____
_____

Jerusalém, Israel.

_____
_____
_____
_____
_____
_____
_____

2 Consulte o texto da página anterior e complete o trecho abaixo.

A Igreja católica é dirigida pelo _____ e pelos

_____. A comunidade católica é formada

pelas _____.

As religiões celebram a fé em comunidade

Em várias religiões, há cerimônias ou rituais que celebram o crescimento das pessoas na fé e na comunidade.

Adolescentes ao lado dos pais em celebração de *bar-mitzvá*, em Bowie, Maryland, nos Estados Unidos.

No **judaísmo**, há uma cerimônia chamada *bar-mitzvá*, celebrada quando o menino judeu comemora 13 anos. A partir desse momento, ele já é considerado um adulto na fé e pode ser chamado para ler publicamente a Torá e também para participar da oração comunitária.

As meninas também comemoram essa passagem, ao completarem 12 anos; a cerimônia é chamada de *bat-mitzvá*.

No **catolicismo**, existem cerimônias que celebram os momentos importantes da vida de um católico: são os sete sacramentos. Um deles é a Crisma. Trata-se de um momento em que meninos e meninas confirmam o Batismo e a fé em Jesus diante da Igreja. Ao participar da Crisma, o católico recebe a força do Espírito Santo e confirma seu desejo de ser uma testemunha de Jesus no mundo.

Jovem sendo crismada em paróquia em Paris, na França.

1. Sublinhe no texto o nome das cerimônias que acontecem entre os adeptos do judaísmo e do catolicismo.

2. Conte com suas palavras o que é a Crisma.

Bonecos de garrafa

Neste livro, conhecemos várias personagens que nos ensinaram e nos ajudaram a nos tornar pessoas melhores.

Vamos recordar algumas dessas personagens?

(1) Volte ao início do livro e olhe novamente cada página, observando as personagens. Escolha uma que tenha chamado a sua atenção pelo que aprendeu com ela.

(2) Você vai criar um boneco dessa personagem com uma garrafa PET de 600 mililitros. Utilize retalhos de tecido, barbantes, canetas e outros materiais para montar a cabeça e o corpo do boneco e produzir suas roupas. Veja um exemplo na imagem abaixo.

Fotografias: Mar de Palha/ID/BR

(3) Depois, mostre seu boneco feito de garrafa aos colegas. Diga a eles por que a personagem que escolheu marcou você positivamente.

(4) Com a orientação do(a) professor(a), organizem uma exposição dos bonecos. Identifiquem cada personagem com uma placa feita de cartolina. Nessa placa, escrevam o nome da personagem e uma frase que mostre a importância dela.

Brasil: muitas comunidades

O Brasil é o maior país da América do Sul e grande parte da floresta Amazônica fica em seu território. Ela é uma das maiores e mais diversificadas florestas do mundo.

Toda a grandeza do Brasil é constituída também pelas diversas comunidades que o compõem. Há aqui diversidade de etnias, línguas, territórios, culturas, cultos e gastronomia, entre tantas outras coisas.

Vários povos

A população brasileira descende de diferentes povos. A maioria de nossa população descende dos povos indígenas, dos portugueses e dos africanos; mas também há muitos descendentes dos povos que imigraram para cá em diferentes momentos, entre eles os italianos, espanhóis, alemães, eslavos, japoneses e árabes.

Várias culturas

Cada região do Brasil apresenta suas próprias características culturais, e isso se reflete em suas celebrações. Você já ouviu falar da Cavalhada de Pirenópolis, em Goiás, ou do Festival de Parintins, no Amazonas? E da festa de São João, em Campina Grande, na Paraíba? E do Carnaval do Rio de Janeiro? Todas essas festas, e muitas outras, são exemplos da variedade de nossa cultura.

Festa de São João em Campina Grande, Paraíba.

Apresentação do Boi Caprichoso no Festival de Parintins, em Parintins, Amazonas.

Várias religiões

No Brasil, pessoas de diferentes religiões convivem em harmonia. A maior parte dos brasileiros é católica, mas aqui há adeptos do protestantismo, do espiritismo, do budismo, do judaísmo, do islamismo e das religiões de origem africana, como o candomblé e a umbanda, entre outras.

Umbandistas durante festa para Iemanjá em praia de Bertioga, São Paulo.

Muçulmanos fazendo orações em mesquita no município de São Paulo.

Várias línguas

O português e a Língua Brasileira de Sinais (Libras) são as línguas oficiais do Brasil. O português falado no país apresenta palavras originárias das línguas africanas, indígenas e das línguas dos diversos imigrantes que aqui se estabeleceram no decorrer do tempo. Além da língua portuguesa e da Libras, há diversas línguas que são faladas por diferentes povos indígenas e por imigrantes e seus descendentes.

(1) Escreva uma frase sobre a diversidade brasileira.

_____

_____

 (2) O que você achou mais interessante nos exemplos de diversidade citados no texto? Conte aos colegas.

Crescemos e vivemos em comunidade

1 De acordo com o código a seguir, decifre a carta enigmática e leia a mensagem do papa Francisco.

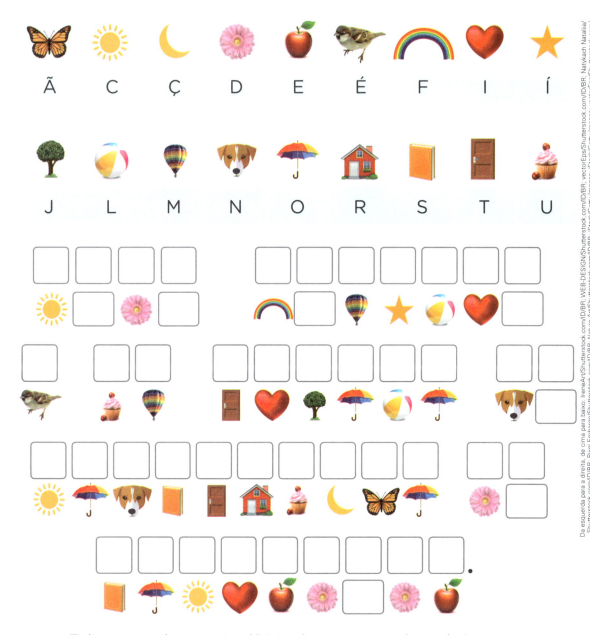

- Faltou uma letra, não é? Você consegue descobrir que letra é essa? Crie um símbolo para essa letra e desenhe-o nos quadrinhos correspondentes. Depois, complete a frase com a letra que está faltando.

 2 Converse com os colegas: Vocês concordam com o papa Francisco?

Nossa turma é uma comunidade

3 Forme grupo com dois colegas.

    a. Faça um retrato de cada um deles.

    b. Escreva o nome deles e o que você mais admira em cada um.

         _____   _____

         _____   _____

         _____   _____

         _____   _____

4 Em uma folha à parte, desenhe o seu autorretrato e escreva uma das qualidades que os colegas apontaram em você.

5 Organizem a exposição "Nossa turma é uma comunidade".

- Exponham os autorretratos na sala de aula.
- Convidem a família e os alunos de outras turmas para apreciar a exposição.
- Contem a todos como é bom viver em comunidade.

Nadya_Art/Shutterstock.com

Os ribeirinhos do rio São Francisco

O rio São Francisco tem aproximadamente 2700 quilômetros de extensão e grande valor para a história, a cultura e a religiosidade dos povos ribeirinhos. Esse rio nasce na serra da Canastra, em Minas Gerais, e passa por vários estados até chegar ao mar, na divisa dos estados de Alagoas e Sergipe. Por sua importância histórica como meio de transporte e para a irrigação de plantações, é conhecido carinhosamente como Velho Chico.

Para os povos ribeirinhos, o rio São Francisco é um "pai provedor": ele oferece água para beber e peixes para alimentação, além de ser lugar de divertimento. Desde criança, os ribeirinhos estabelecem uma relação de apego ao rio e de respeito por essa fonte de vida.

Os povos ribeirinhos sempre praticaram a pesca e a coleta de mariscos, mas também se dedicam à agricultura e ao extrativismo. Eles cultivam arroz e coletam frutos das mangueiras, dos coqueiros, dos jenipapeiros, das cajazeiras e das goiabeiras.

A gente vê que o rio está morrendo, secando, que a correnteza não é a mesma e que não tem mais mariscos e peixes.

A gente vive do rio e do que ele nos dá.

Temos de lutar para proteger e preservar o rio.

Lamentavelmente, a criação de barragens para a construção de hidrelétricas, a venda ilegal de terras, a monocultura da cana-de-açúcar e do eucalipto e o desmatamento do Cerrado causam diversos problemas ambientais no rio São Francisco e em suas margens. Isso afeta os povos ribeirinhos e os obriga a deixar seus territórios de origem.
A migração dos ribeirinhos para lugares afastados do rio prejudica a preservação dos modos de vida desse povo e de suas culturas.

As águas do Velho Chico inspiram muitas histórias, como as lendas da Mãe-d'água e do Mergulhão, que são seres fantásticos que vivem nas profundezas do rio. Essas narrativas são repassadas oralmente de geração em geração.

Os ribeirinhos costumam realizar romarias nas águas do rio para expressar sua fé e gratidão pelas águas e por tudo o que o rio oferece. Muitas festas religiosas são realizadas no rio São Francisco, como a Festa de Iemanjá, a Festa dos Santos do Rio e a Festa de Bom Jesus dos Navegantes.

Ilustrações: Cris Eich/ID/BR

Em Sergipe, no baixo rio São Francisco, vivem a comunidade indígena Xokó e a comunidade quilombola de Resina. Entre as festas que esses ribeirinhos celebram estão a Festa de Retomada da Terra, comemorada pelos indígenas Xokó no dia 9 de setembro; e o dia de São Francisco, comemorado no dia 5 de outubro, quando os quilombolas fazem romaria cantando e dançando maracatu.

Atividades

 1 Em casa, com a ajuda dos seus familiares, faça uma pesquisa sobre uma das festas religiosas que foram mencionadas no texto.

2 Escreva no espaço abaixo o nome da festa que você pesquisou e o município e o estado em que essa festa acontece.

_____

_____

_____

3 Faça, no espaço abaixo, um desenho que represente essa festa.

4 Em classe, mostre aos colegas seu desenho, explicando a eles qual festa você representou e onde ela é realizada. Conte algumas curiosidades sobre essa celebração.

Com o **Dominó das religiões**, você vai conhecer algumas características do islamismo, do judaísmo, do hinduísmo, do cristianismo, do budismo e de tradições de povos indígenas.

Do que você precisa para jogar

- 1 dado.
- 30 cartas que você vai recortar das páginas 89 a 95.

Número de jogadores

4 jogadores

Veja como se apresenta cada carta:

Imagem representativa de algum aspecto da religião ou da tradição apresentada na carta.

Nome da religião ou da tradição à qual a imagem faz referência.

Legenda

REGRAS DO JOGO

1 Um dos jogadores vai embaralhar bem as cartas. A cada partida, muda o jogador responsável por essa função.

2 O jogador sentado à esquerda daquele que embaralhou as cartas vai distribuir seis delas para cada jogador.

As seis cartas restantes ficarão em um monte, separado, para serem "compradas" caso o jogador da vez não tenha a carta desejada.

3 Cada jogador deve arrumar suas cartas sem deixar que os outros as vejam.

4 Cada jogador joga o dado, e quem tirar o número maior começa o jogo.

5 O jogador que inicia a partida deve colocar na mesa qualquer uma de suas cartas.

6 O próximo jogador precisa encaixar nessa carta uma que combine com uma das duas religiões ou tradições nela representadas. Se o jogador da vez não tiver nenhuma carta assim, deve comprar cartas do "monte" até encontrar uma que combine com a da mesa. Se encontrar, para de comprar as cartas do monte e coloca a carta onde combina; se não encontrar, perde a vez.

7 Ganha o jogo quem acabar suas cartas primeiro ou quem, ao final da partida, ficar com menos cartas na mão.

VOCÊ VAI CONHECER

☪ ISLAMISMO	🪷 HINDUÍSMO	🕎 JUDAÍSMO	✝ CRISTIANISMO	INDÍGENAS	🕉 BUDISMO
O Domo da Rocha é um templo sagrado do islamismo e está localizado em Jerusalém, Israel.	O Templo de Akshardham, em Nova Délhi, na Índia, é sagrado para o hinduísmo.	A Grande Sinagoga é um templo sagrado para o judaísmo e está localizada em Jerusalém, Israel.	A Basílica do Santo Sepulcro, sagrada para os cristãos, está localizada em Jerusalém, Israel.	A natureza é considerada sagrada para os indígenas.	O Templo Jokhang, no Tibete, é sagrado para os budistas.

MOMENTOS DE ORAÇÃO E FÉ

☪ ISLAMISMO	🪷 HINDUÍSMO	🕎 JUDAÍSMO	✝ CRISTIANISMO	INDÍGENAS	🕉 BUDISMO
Os muçulmanos vão à mesquita para fazer orações.	No *Diwali*, ou Festa das Luzes, os hindus oram e acendem luzes para comemorar a vitória do bem contra o mal.	Os judeus vão à sinagoga para fazer orações e estudar a Torá.	A oração do Pai-nosso é uma das mais importantes para os cristãos.	A casa de reza indígena é o espaço da aldeia onde acontecem os rituais religiosos.	Os monges meditam em mosteiros ou junto à natureza.

☪ ISLAMISMO	🪷 HINDUÍSMO	🕎 JUDAÍSMO	✝ CRISTIANISMO	INDÍGENAS	🕉 BUDISMO
O Alcorão é o livro sagrado do islamismo.	Os Vedas são os textos sagrados do hinduísmo.	Na Torá estão os textos sagrados do judaísmo.	A Bíblia é o livro sagrado do cristianismo.	A fé e as tradições dos indígenas são passadas oralmente dos mais velhos aos mais jovens.	Tripitaka é o livro sagrado do budismo.

OS SÍMBOLOS RELIGIOSOS

☪ ISLAMISMO	🪷 HINDUÍSMO	🕎 JUDAÍSMO	✝ CRISTIANISMO	INDÍGENAS	🕉 BUDISMO
O *hilal*, lua crescente e estrela, é um símbolo da fé islâmica.	Para os hindus, a flor de lótus é um símbolo que representa a criação e a pureza.	A quipá, touca utilizada pelos judeus, é um símbolo da religião judaica.	A cruz é um símbolo do cristianismo. Ela representa o momento em que Jesus deu a vida pela humanidade.	A pintura corporal é um símbolo para os indígenas.	A roda do Dharma é um símbolo do budismo que representa todos os ensinamentos de Buda.

AS FESTAS E AS PEREGRINAÇÕES RELIGIOSAS

☪ ISLAMISMO	🪷 HINDUÍSMO	🕎 JUDAÍSMO	✝ CRISTIANISMO	INDÍGENAS	🕉 BUDISMO
Muçulmanos de todo o mundo peregrinam até Meca, na Arábia Saudita.	A *Kumbha Mela* é uma festa hindu que acontece a cada 12 anos, na Índia, e reúne peregrinos do mundo inteiro.	Muitos judeus visitam o Muro Ocidental, também conhecido como Muro das Lamentações, em Jerusalém, Israel.	A Basílica de Nossa Senhora Aparecida, em Aparecida, São Paulo, recebe muitos peregrinos cristãos o ano todo.	O Toré é uma festa realizada por muitos povos indígenas. Os Potiguara se vestem com trajes de palha e celebram a amizade.	No budismo, o *Hanamatsuri*, ou Festival das Flores, celebra o nascimento de Buda.

AS CARACTERÍSTICAS DOS RITUAIS RELIGIOSOS

☪ ISLAMISMO	🪷 HINDUÍSMO	🕎 JUDAÍSMO	✝ CRISTIANISMO	INDÍGENAS	🕉 BUDISMO
No mês do Ramadã, os muçulmanos praticam a oração e o jejum.	A vaca é considerada um animal sagrado para o hinduísmo.	Na Páscoa judaica, são servidos alimentos como ovo cozido, pedaço de osso de cordeiro, ervas amargas, pasta de nozes e verduras.	O pão e o vinho simbolizam o corpo e o sangue de Jesus Cristo e fazem parte da Eucaristia (ceia do Senhor).	Os maracás são chocalhos usados em festejos e rituais indígenas.	A cerimônia do chá é um ritual de origem budista que representa a harmonia, o respeito, a pureza e a tranquilidade.

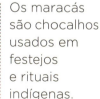

Livros

Álbum de família, de Lino de Albergaria. Edições SM.

A convivência entre diferentes gerações permite resgatar o passado e ter esperança no futuro. É o que acontece com Manuela, que descobre um novo mundo nas histórias, fotografias e músicas rememoradas por seus bisavós.

O chamado de Sosu, de Meshack Asare. Tradução de Luciano Machado. Edições SM.

Sosu é um garoto que vive em uma aldeia à beira-mar no continente africano. Um dia, ele percebe que uma grande tempestade se aproxima e, mesmo não podendo andar, ele consegue avisar seu povo do perigo tocando um tambor.

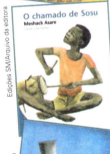

O homem de água e sua fonte, de Ivo Rosati. Tradução de Denis Araki. Edições SM.

De uma torneira que alguém esqueceu aberta, nasce um homem de água. Ao andar pelas ruas, ele é confundido com uma poça e é rejeitado pelas pessoas. Sozinho, ele rega as flores e dá de beber aos sedentos, até que encontra seu lugar na comunidade.

Filmes

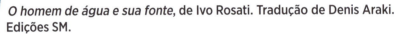

Divertida Mente. Direção de Pete Docter. EUA, 2015 (95 min).

Depois que Rilley se muda de cidade, suas emoções (Alegria, Tristeza, Raiva, Medo e Nojinho) ficam muito agitadas e vão precisar enfrentar muitos desafios.

Up: altas aventuras. Direção de Pete Docter e Bob Peterson. EUA, 2009 (95 min).

A inusitada amizade entre Carl Fredricksen, um senhor de 78 anos, e Russell, um menino de 8 anos, os leva a uma incrível aventura.

Animação

As religiões do mundo: histórias animadas. SaberTV. Disponível em: http://sabertv.com.br/series/serie.aspx?serieId=171. Acesso em: 29 abr. 2020.

Em dez episódios, são contadas histórias importantes de várias religiões e de seus fundadores.

RECORTÁVEIS

Jogando
Página 84

ISLAMISMO

Domo da Rocha.

A Grande Sinagoga.

JUDAÍSMO

ISLAMISMO

Domo da Rocha.

Templo de Akshardham.

HINDUÍSMO

ISLAMISMO

Muçulmanos oram na mesquita.

Basílica do Santo Sepulcro.

CRISTIANISMO

ISLAMISMO

Alcorão.

Templo budista Jokhang.

BUDISMO

ISLAMISMO

Hilal.

Natureza.

INDÍGENAS

JUDAÍSMO

A Grande Sinagoga.

Hilal.

ISLAMISMO

JUDAÍSMO

Judeus oram na sinagoga.

Flor de Lótus.

HINDUÍSMO

RECORTÁVEIS

JUDAÍSMO

Torá.

CRISTIANISMO

Cruz.

JUDAÍSMO

Quipá.

INDÍGENAS

Pintura corporal.

JUDAÍSMO

Quipá.

BUDISMO

Roda do Dharma.

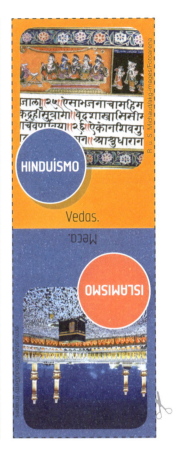

HINDUÍSMO

Vedas.

ISLAMISMO

Meca.

HINDUÍSMO

Templo de Akshardham.

JUDAÍSMO

Muro Ocidental.

HINDUÍSMO

Diwali, Festa das Luzes.

CRISTIANISMO

Basílica de Nosso Senhora Aparecida.

HINDUÍSMO

Flor de Lótus.

INDÍGENAS

Toré.

HINDUÍSMO

Kumbha Mela.

BUDISMO

Hanamatsuri.

RECORTÁVEIS

CRISTIANISMO

Basílica do Santo Sepulcro.

ISLAMISMO

Jejum e oração.

CRISTIANISMO

Cristãos rezam o Pai-nosso.

JUDAÍSMO

Alimentos do Páscoa judaica.

CRISTIANISMO

Bíblia.

HINDUÍSMO

A vaca é um animal sagrado para os hindus.

CRISTIANISMO

Pão e vinho.

INDÍGENAS

Maracás.

CRISTIANISMO

Cruz.

BUDISMO

Cerimônia do chá.

INDÍGENAS

Natureza.

ISLAMISMO

Alcorão.

INDÍGENAS

Casa de reza indígena.

JUDAÍSMO

Torá.

INDÍGENAS

Pintura corporal.

HINDUÍSMO

Vedas.

RECORTÁVEIS

INDÍGENAS

Tradição oral.

Bíblia.

CRISTIANISMO

INDÍGENAS

Tradição oral.

Tripitaka.

BUDISMO

BUDISMO

Tripitaka.

Muçulmanos oram na mesquita.

ISLAMISMO

BUDISMO

Roda do Dharma.

Judeus oram na sinagoga.

JUDAÍSMO

BUDISMO

Templo budista Jokhang.

Diwali, Festa das Luzes.

HINDUÍSMO

BUDISMO

Monges budistas meditam junto à natureza.

Cristãos rezam o Pai-nosso.

CRISTIANISMO

BUDISMO

Monges budistas meditam junto à natureza.

Casa de reza indígena.

INDÍGENAS